La dieta mediterránea: una guía completa

(Spanish Version/Versión en español)

50 recetas rápidas y fáciles, bajas en calorías y altas en Proteínas de la dieta mediterránea para bajar de peso

Copyright © 2017 por Matthew A. Bryant

Todos los derechos reservados. Ninguna parte de esta publicación puede reproducirse, distribuirse o transmitirse de ninguna forma ni por ningún medio, incluyendo fotocopias, grabaciones u otros métodos electrónicos o mecánicos, sin la autorización previa por escrito del editor, excepto en el caso de citas breves incorporadas. en revisiones críticas y ciertos otros usos no comerciales permitidos por la ley de derechos de autor.

Publicaciones CAC

ISBN: 978-1-948489-52-2 (el libro en rústica)

ISBN: 978-1-948489-51-5 (el libro electrónico)

Matthew A. Bryant

Gracias

La dieta mediterránea no es solo una dieta: es un estilo de vida completo que lo capacitará para desarrollar una relación saludable con los alimentos. Estas sencillas recetas mediterráneas son divertidas, rápidas y te ayudarán a cumplir tus objetivos de pérdida de peso. También se ha comprobado que la dieta mediterránea [1] reduce el riesgo de muchas enfermedades relacionadas con el estilo de vida, incluidos ciertos tipos de cáncer, enfermedad cardíaca, Alzheimer y la enfermedad de Parkinson.

Este libro electrónico está dedicado a todos aquellos que desean vivir bien, comer bien y recuperar el control de su salud.

¡Únete mi grupo de Facebook, también! Es una comunidad fantástica de más de 16.000 personas interesadas en la dieta mediterránea. ¡Mucha información excelente, deliciosas recetas y gente maravillosa!
https://www.facebook.com/groups/1023957707694936/

Tabla de contenido

Introducción

Capítulo 1- La magia de la dieta mediterránea

Capítulo 2- Adoptando el estilo de vida Med

Capítulo 3 - Recetas de desayuno mediterráneo

Capítulo 4- Recetas de almuerzo mediterráneo

Capítulo 5- Recetas de cena mediterránea

Capítulo 6- Recetas de bocadillos mediterráneos

Conclusión

Introducción

Los estadounidenses, lamentablemente, tienen una relación extraña con la comida. Muchos anuncios publicitarios y programas de comida muestran platos estadounidenses estándar como platos llenos de tocino, carne, huevos y un montón de panes, y lo llaman saludable. También comemos constantemente: todas y cada una de nuestras celebraciones tienen que ver con la comida, ya sea cumpleaños, una velada con amigos e incluso reuniones formales de almuerzos en la oficina. Para perder el peso que invariablemente hemos acumulado debido a estos hábitos, tratamos de privarnos a nosotros mismos a través de alguna dieta. Contamos calorías, cortamos carbohidratos, gastamos miles de dólares en píldoras para bajar de peso, pero al final, solo nos sentimos miserables por la falta de resultados.

La dieta mediterránea ha llegado a ser conocida como la Mejor Dieta basada en plantas en el mundo [2] para perder peso y prevenir una serie de enfermedades crónicas, sin la necesidad de porciones dolorosamente pequeñas o la eliminación de grupos de alimentos enteros. La dieta mediterránea no es una "dieta" en lo más absoluto, al menos no en el sentido en que muchos estadounidenses entienden la palabra. En lugar de una medida temporal para perder peso, es una serie de hábitos que crean salud para toda la vida.

Muchas personas que viven en los países mediterráneos, principalmente en, España, Grecia e Italia, han estado comiendo lo que se ha hecho popular hoy en día como la dieta mediterránea por generaciones. Los alimentos en esta dieta incluyen altas cantidades de aceite de oliva, legumbres, nueces, semillas, verduras y granos integrales. También consiste en pescado y mariscos, que se consumen idealmente una o dos veces por semana. Los huevos, el queso y el yogur se consumen moderadamente, aproximadamente una vez a la semana. La ingesta de carnes rojas y dulces se mantiene al mínimo. La gente de Grecia ha estado comiendo de esta manera durante siglos, y se sabe que tienen menores tasas de obesidad [3] en comparación con otros países. Los griegos tienen una filosofía en la vida: todo con moderación. Esa es la dieta mediterránea en pocas palabras. Hoy, los médicos han descubierto la ciencia detrás de los beneficios para la salud a largo plazo de comer de la misma forma que los griegos. Basado en una extensa investigación que demuestra las ventajas de esta dieta, muchos de los mejore cardiólogos en el mundo [4] están recomendando la dieta mediterránea a pacientes con problemas cardíacos.

La dieta mediterránea llegó por primera vez a los Estados Unidos hace casi cuatro décadas, pero aún así se le malinterpreta. Este libro ha sido escrito teniendo ese malentendido generalizado en mente. Está escrito para familias con niños, solteros, personas mayores, ancianos con problemas de salud y para la gran mayoría de las personas que pueden beneficiarse de la comprensión de que la dieta mediterránea no se trata solo de los alimentos que comemos, sino también de disfrutarlos en comidas y en la vida con familiares y amigos.

En el primer capítulo, discutiremos los beneficios de salud de este estilo de vida en detalle. También desacreditaremos algunos mitos que rodean esta dieta y cubriremos los principios básicos de cómo comenzar a vivir de la manera mediterránea. Luego, exploraremos 50 deliciosas recetas para el desayuno, el almuerzo, la cena y los bocadillos.

¡Naveguemos hacia corazones más sanos, IMCs más bajos y una mejor calidad de vida!

Capítulo 1: La magia de la dieta mediterránea

¿Qué es la dieta mediterránea?

La dieta mediterránea (o la dieta Med, como a veces se la conoce) es el nombre dado a los hábitos alimenticios de las personas que viven en la región que rodea el mar Mediterráneo, como España, Italia y Grecia. Los habitantes de estas regiones son una mezcla de cristianos, judíos y musulmanes, y cada una de estas religiones ha añadido sus propios sabores para crear lo que se conoce como el estilo mediterráneo de comida. Por ejemplo, los musulmanes no comen carne de cerdo ni beben vino; Los judíos evitan los mariscos y la carne de cerdo; Los cristianos beben vino, pero evitan comer carne en ciertos días de la semana. Estas tradiciones dinámicas han dado forma a la dieta mediterránea como se conoce el día de hoy.

El interés occidental en la dieta comenzó a crecer cuando los médicos notaron una tendencia: las personas que vivían en la región mediterránea y en sus alrededores tenían tasas mucho más bajas de enfermedades cardíacas y obesidad que las que vivían en otras partes del mundo. Los científicos descubrieron cantidades más altas de ácidos grasos esenciales Omega-3 en la dieta de las personas en esta región gracias a las altas cantidades de aceite de oliva en la cocina mediterránea tradicional. Además, las personas en estas áreas también tenían una menor ingesta de grasas animales sólidas como la manteca de cerdo. Las grasas que se encuentran en las nueces y el aceite de oliva, que se consumen ampliamente en la dieta, se encontraron entre las variedades monoinsaturadas o poliinsaturadas. Estos tipos de grasas no solo no elevan el colesterol LDL (colesterol malo) sino que también aumentan el HDL (colesterol bueno).

La tradición mediterránea es más que los ingredientes utilizados en su cocina. La comida se considera como una representación de la vida, y todas las comidas se consideran una ocasión social y una oportunidad para reunirse con amigos y familiares. La dieta mediterránea no se trata solo de un conjunto de hábitos alimenticios, sino de desarrollar una relación saludable con los alimentos como parte de una vida plena.

La pirámide alimenticia de la dieta mediterránea

Como puede ver en la pirámide de alimentos, la dieta Med se basa en las plantas. La base de la pirámide, que consiste en alimentos que se comen en las cantidades relativamente más grandes, se compone de verduras, granos enteros, nueces, frutas, legumbres, frijoles, semillas, hierbas y especias. Además de estos alimentos, hay otro aspecto fundamental de la pirámide alimenticia mediterránea: disfrutar de las comidas con seres queridos y ser físicamente activos. Tradicionalmente, se sabe que las personas en la región del Mediterráneo pasan tiempo cuidando sus jardines, montando en bicicleta o bailando en reuniones sociales, con muchas oportunidades para mantenerse activos y saludables.

Por encima de la capa social y la capa de grupos básicos de alimentos se encuentra el nivel que contiene pescado y mariscos. Los mariscos se comen un par de veces al día, con un enfoque en peces saludables que proporcionan ácidos grasos esenciales con Omega-3 abundantes. Encima de eso está la capa que incluye aves de corral, huevos y queso, que solo se comen una vez a la semana. Los dulces, la carne roja y los alimentos procesados se colocan en el nivel superior de la pirámide, lo que significa que se consumen raramente o no se consumen en absoluto. En países como Italia, los dulces como el gelato se comen con moderación. Este postre a base de leche es rico en Proteínas y calcio. Otros países de Med son famosos por sus tartas de frutas: las frutas de temporada se convierten en deliciosos postres para complementar las secciones inferiores de la pirámide alimenticia.

Las bebidas como el vino y el agua se muestran en el lado de la pirámide. El Mediterráneo es una región cálida, y la gente allí bebe muchos líquidos. El vino tinto es un elemento cultural de la cocina mediterránea. Aun no se sabe con seguridad de este aspecto de la dieta Med [5], específicamente con respecto a los beneficios del resveratrol, un compuesto primario en el vino tinto, y si es beneficioso para la salud del corazón. Si planea consumir un vaso de vino tinto diariamente para complementar las recetas mediterráneas en este libro, lo mejor es que primero hable con su médico.

La ciencia detrás de la dieta: por qué funciona

La dieta mediterránea es ideal para perder peso por varias razones clave:

- La falta de carne roja y bistec.

- La abundancia de verduras de hoja verde.

- Aceite de oliva para la salud del corazón como medio de cocción.

- Una actitud saludable hacia la comida.

Una dieta saludable es más que la suma de sus partes. No podemos reiterar lo suficiente que la dieta no se trata solo de comida, sino también del estilo de vida. La mente juega un papel importante en nuestra salud y bienestar general. Cuando haces ejercicio a diario y comes tus comidas a conciencia como una experiencia compartida con familiares y amigos, es más probable que comas más saludablemente. Comienzas a amarte a ti mismo y a tu cuerpo más; como resultado, tomas decisiones más sabias sobre los alimentos y prefieres poner alimentos saludables en tu cuerpo.

Otra razón por la que la dieta funciona es debido al menor consumo de carnes rojas. En la comida estadounidense típica, el alto consumo de carne, que tarda días en digerir, conduce al estreñimiento. La abundancia de granos integrales, verduras de hoja verde y frutas coloridas en la dieta Med nos proporciona la fibra adecuada, lo cual es muy importante para prevenir las enfermedades del corazón. La fibra también estimula el movimiento intestinal y ayuda a eliminar las toxinas del cuerpo.

Las dietas basadas en plantas como la dieta Med también proporcionan niveles más altos de antioxidantes. Los antioxidantes combaten los radicales libres, que son moléculas rebeldes que pueden volverse cancerosas. Los radicales libres también causan envejecimiento prematuro en forma de manchas de sol, arrugas, líneas finas y canas. El consumo regular de alimentos ricos en antioxidantes que se encuentran en la dieta mediterránea, especialmente nueces, semillas y frutas, en realidad podría ayudarlo a lucir más joven. También puede disminuir el riesgo de ciertos cánceres.

Sin duda, ya has oído hablar de muchas dietas de moda y te estarás preguntando qué hace que la dieta mediterránea sea diferente. Pero lejos de ser una nueva dieta de moda sin ninguna base científica, la dieta Med se ha conocido por dar resultados consistentes. Ancel Keys, quien ahora es conocido como el Padre de la Dieta Med, ha registrado revistas científicas y estudios de casos que muestran cómo las personas que adoptaron estos hábitos alimentarios han llevado vidas más saludables, felices y largas.

Beneficios de la dieta Med

La dieta mediterránea puede:

- Aumentar la longevidad
- Prevenir el asma y las alergias
- Reducir el riesgo de ciertos cánceres
- Reducir el riesgo de diabetes tipo II
- Reducir la depresión y la ansiedad
- Mejorar el estado de ánimo y la función mental
- Mejorar la apariencia de la piel
- Prevenir muchas enfermedades crónicas

- Proporcionar una reducción del 72% en el riesgo de muerte por enfermedad cardíaca [6]

- Protección contra la enfermedad de Parkinson y la enfermedad de Alzheimer

- Ayudar en la pérdida de peso y ayuda en el control del peso

- Reducir la grasa corporal y mejora el metabolismo

- Reducir la presión arterial alta

- Disminuye el LDL (colesterol malo) y eleva el HDL (colesterol bueno)

- Mejorar la salud del corazón y la salud de las arterias.

Mitos y hechos sobre la dieta Med

Mito: la dieta mediterránea es difícil de seguir.

El hecho es que esta dieta está llena de alimentos que puede obtener fácilmente en el supermercado local o en el mercado de agricultores. No hay alimentos extranjeros difíciles de adquirir. La dieta incluye una gran cantidad de alimentos con los que ya está familiarizado y puede estar comiendo ya, como yogur, cereales integrales, verduras, nueces y semillas: la dieta Med simplemente cambia el equilibrio para que estos alimentos constituyan la mayor parte de sus comidas. En comparación con muchas otras dietas, la dieta mediterránea es fácil de adoptar porque no hay privación. No eliminas ningún grupo de alimentos. Puedes comer todo mientras lo hagas con moderación. Ciertos alimentos, como los dulces y los alimentos procesados, deben consumirse en cantidades limitadas, pero no hay ninguna razón por la cual no pueda disfrutarlos ocasionalmente.

Mito: se me permite comer cualquier cosa en la dieta.

Todos los grupos de alimentos están permitidos en la dieta mediterránea, pero es muy importante seguir la pirámide alimenticia Med y controlar el tamaño de la porción. La ingesta de postres y carnes debe ser limitada, y es muy importante equilibrar la ingesta de alimentos con el ejercicio adecuado y los patrones de alimentación adecuados. La clave es comer alimentos a conciencia y compartir comidas con familiares o amigos. Cuando compartes comida con otras personas sanas y afines, es más probable que limites tus porciones y tomes decisiones conscientes de tu salud.

Mito: la dieta mediterránea es cara.

La dieta incluye cocinar comidas con aceite de oliva, aceites de semillas y aceites de nueces, que pueden ser un poco caros en comparación con otros medios de cocción. Sin embargo, la clave es comprar inteligentemente. Si te tomas el tiempo para planificar tus comidas semanales de forma adecuada, puedes evitar el desperdicio y comprar solo lo que necesitas. Piensa en comprar ingredientes a granel para obtener el máximo rendimiento de tu inversión. Compra frutas y verduras solo mientras están en temporada para obtener los mejores precios. Si los filetes frescos son demasiado caros para comprar de forma regular, puedes comprar tilapia, atún u otros cortes congelados para complementar el pescado fresco. También puedes comprar una gran variedad de frijoles enlatados y secos a granel. Estos ingredientes versátiles pueden mantener tus comidas interesantes sin tener que irte a la bancarrota.

Mito: La dieta Med es solo una dieta de moda.

En pocas palabras, la dieta mediterránea funciona. No es una dieta, sino un estilo de vida. A diferencia de muchas otras dietas de moda, no consiste en eliminar ningún grupo de alimentos, lo que significa que la dieta es ideal a largo plazo y no conduce a deficiencias nutricionales. También comes una variedad de alimentos que han demostrado ser saludables para el corazón. Años de investigación demuestran que la dieta se puede adoptar como un estilo de vida sostenible que ayuda a mantener un peso saludable y evitar una serie de enfermedades que son tan comunes en el mundo occidental.

Estudios científicos sobre la dieta mediterránea

Muchos estudios científicos [7] han demostrado la eficacia de la dieta Med para reducir la mortalidad y prevenir las enfermedades cardiovasculares, el cáncer de mama, la diabetes tipo II y la hipertensión. 100 o más personas que siguieron la dieta durante un año sin restricción en la ingesta de grasa mostraron una incidencia reducida de cada una de estas enfermedades.

El estudio Predimed [8]: este fue un gran estudio realizado con más de 7000 personas con alto riesgo de enfermedad cardiovascular. El resultado: los participantes que fueron colocados en una dieta mediterránea rica en aceitunas, aceite de oliva y nueces mostraron una menor incidencia de enfermedad cardiovascular.

La reversión del estado del síndrome metabólico [9]: este estudio demostró que la dieta mediterránea tradicional, con énfasis en consumir grandes cantidades de nueces, podría ser una herramienta importante en el manejo del síndrome metabólico, que también es una condición responsable de varias enfermedades cardíacas como diabetes.

Sobre la pérdida de peso [10]: Un metaanálisis de 16 ensayos aleatorios sobre el efecto de la dieta Med sobre el peso corporal mostró que la dieta mediterránea resultó en una mayor pérdida de peso en comparación con la dieta de control, cuando se asocia con restricción energética y actividad física.

Capítulo 2: Adoptar el estilo de vida Med

Una vez que hayas leído este libro, sabrás qué alimentos comer y cuáles evitar. Es una buena idea hacer una lista de compras detallada para planificar tus comidas semanales. La dieta es extremadamente variada: puedes elegir entre una amplia variedad de frutas, verduras, mariscos y más. Entonces, si no te gustan los camarones, no necesitas comprarlos. Solo elije cualquier otro marisco que sea asequible y esté disponible en temporada.

Recuerda que el hecho de que la dieta se llame "mediterránea" no significa que no puedes comer platos japoneses, indios o de otro tipo. Solo asegúrate de elegir los ingredientes correctos y preparar la comida de acuerdo con los principios básicos del Mediterráneo.

Cómo perder peso con la dieta Med

Para perder peso de manera más eficiente en esta dieta, te recomendamos que comas comidas pequeñas pero frecuentes. No te saltes ninguna comida, ya que puede afectar tus niveles de azúcar en la sangre y causar atracones más tarde. Opta por "minicomidas" saludables y bocadillos que le brinden a tu cuerpo toda la nutrición que necesita.

Tomar decisiones inteligentes y planear con anticipación es la mejor forma de adoptar el estilo de vida Med. Dedícale un tiempo a preparar una ensalada con diferentes frutas, verduras y nueces de temporada. Haz un buen lote grande y guárdalo en la nevera para que siempre tengas algo para picar cuando tengas hambre.

Usa la misma idea con verduras simples. Puedes picar las suficientes verduras para unos cuantos días a la vez; luego asegúrate de tener un suministro de aderezos para ensaladas sanos para ponerles, y tendrás una botana extremadamente saludable y conveniente cuando lo desees. Abastécete de nueces y semillas, que están llenas de Proteínas y pueden ayudar a frenar el hambre entre comidas.

Comienza a pensar en términos de tamaño de las porciones en lugar de calorías. En lugar de amontonar un plato con todo lo que hay en la mesa, concéntrate en porciones más pequeñas de algunos artículos específicos. Al apreciar cada plato o elemento de comida en tu plato, aprenderás a disfrutar y saborear cada porción en lugar de engullir todo lo que está frente a ti.

Más que cualquier grupo de alimentos en particular, lo principal es evitar el estrés. Contar calorías y privar a tu cuerpo de la nutrición necesaria aumenta los niveles de cortisol, una hormona del estrés. El cortisol causa estragos en el metabolismo y aumenta el almacenamiento de grasa en el abdomen, los muslos y las caderas.

Comenzando

Hemos preparado una lista de compras conveniente y lista para que comiences tu dieta mediterránea. Antes de comenzar, asegúrate de tener a todos los miembros de la familia a bordo. Contar con el apoyo de las personas con las que compartes tus comidas será clave para seguir con éxito la dieta.

Una vez que todos estén informados y entusiasmados con la dieta Med, revisa tu despensa y tira la comida no saludable. Margarina, donas, galletas, alimentos procesados congelados: ya no los necesitas, y lo mejor es eliminar la tentación.

Aquí hay una lista de alimentos básicos para comprar para tu despensa mediterránea.

Surtiendo tu cocina mediterránea

- Aceite de oliva, aceite de coco, mantequilla clarificada. Compra una gran cantidad de aceite de oliva extra virgen

- Nueces, anacardos, almendras, nueces de macadamia, nueces de Brasil

- Semillas: semillas de lino, semillas de girasol, semillas de sésamo

- Vinagre: rojo, blanco, sidra de manzana y balsámico

- Especias: orégano, cúrcuma, tomillo, ajo en polvo, comino, sal, cebolla en polvo, curry, sal marina, pimienta negra, albahaca, menta, eneldo, copos de chile rojo y condimentos de marca Mrs. Dash seasonings

- Edulcorante: desecha el azúcar refinada y cambia a edulcorantes como el jarabe de arce, el néctar de agave, la estevia, la miel o la melaza.

- Harinas: harinas naturales sin gluten, almidón de arrurruz

- Pan: El pan germinado o pan Ezequiel está disponible en las tiendas naturistas. Busca migas de pan sin condimentar y crutones basicos.

- Pasta de trigo integral

- Arroz integral, arroz salvaje, arroz basmati

- Polenta

- Cuscús

- Bulgur

- Quinoa

- Atún enlatado, salmón

- pescado fresco de temporada

- Pollo

- Tomates enlatados y pasta de tomate

- Vino tinto

- Verduras: espárragos, alcachofas, repollo, coliflor, berenjena, calabacín, champiñones, cebollas, tomates, zanahorias, pimientos, brócoli, espinacas, verduras de hoja verde, judías verdes

- Frutas: naranjas, manzanas, fresas, arándanos, frambuesas, moras, uvas, cerezas, limones, higos, ciruelas, dátiles, melocotones, melones, melones, aguacates

- Lácteos y aves de corral: leche descremada, yogur griego, queso (parmesano, mozzarella, etc.), huevos organicos

- Condimentos: mostaza con miel, ketchup sin azúcar, vinagreta, mayonesa orgánica hecha con huevos sin jaula, salsa tahini, mantequilla de maní baja en sodio

- Bocadillos: hummus, salsa orgánica, mezcla orgánica, almendras, semillas de sésamo y otras nueces, con rizada sin sal y chips de soja, galletas saladas, galletas sin sal, pasteles de arroz. Para hacer hummus casero: mezcle garbanzos, sal, ajo, jugo de lima y tahini

- Sopas enlatadas: sopas orgánicas para los días que estás demasiado cansado para cocinar

- Otros alimentos básicos: ajo embotellado, aceitunas rellenas, corazones de alcachofa, sardinas silvestres

- Golosinas ocasionales: chocolate negro con al menos un 70% de cacao

Almacena tu despensa Med saludable con los artículos que puedes almacenar durante 3-6 meses. Compra en la tienda orgánica de tu vecindario y selecciona artículos con el sello de aprobación orgánico de USDA. Compra artículos a granel o cuando estén a la venta.

Más consejos para adaptarse a la dieta sana de Med

1. Prueba algo nuevo una vez a la semana. Esto evitará que las cosas se vuelvan mundanas.

2. Bebe mucha agua. La mayoría de los dolores por hambre son realmente de sed, así que mantén una botella de agua cerca de ti todo el tiempo. La dieta Med también te dará mucha fibra, por lo que el agua potable mantendrá la fibra moviéndose eficientemente a través de tu sistema.

3. Cuando tengas hambre, busca algo desde el fondo de la pirámide alimenticia. Las frutas, verduras, panes integrales y otros elementos de esta capa te darán más fibra y te mantendrán lleno por más tiempo.

4. Los hombres pueden consumir hasta 1800 calorías y las mujeres hasta 1200 calorías por día. Si deseas disfrutar de más calorías, trata de quemar más calorías durante el día.

Con un ejercicio diario moderado, puedes fácilmente perder hasta 2 libras por semana en la dieta mediterránea siguiendo estos planes de comidas y recetas bajas en calorías.

Plan de dieta semanal

	Desayuno	Almuerzo	Botana	Cena
Día 1	Licuado de frutas y yogur	Ensalada de frijoles negros	Hummus con verduras	Pasta con ensalada
Día 2	Cuscús	Salmón a la parrilla	Dip de tzatziki con pan de pita o verduras	Repollo y manzana con pescado al horno
Día 3	Omelette	Sopa de garbanzos y frijoles	Barrita de frutas y nueces	Platillo de pavo o platillo de pollo
Día 4	Avena	Frijoles y arroz	Fruta a la parrilla	Cazuela de pollo
Día 5	Parfait de fruta y yogur	Envoltura de vegetales	Huevos hervidos	Sopa saludable de frijoles con pan y ensalada
Día 6	Panqueques de trigo sarraceno	Pasta de vegetales	Pan tostado integral o galletas con queso	Pescado/pollo a la parrilla con arroz integral
Día 7	Frittata	Pollo a la parrilla	Yogur con fruta	Pizza Saludable

Capítulo 3: Recetas mediterráneas para el desayuno

El desayuno es la comida más importante del día. Todas las recetas de desayuno incluidas aquí son rápidas, simples y bajas en calorías.

1. Licuado de baya para comenzar tu día bien

(Prep: 5 minutos. Calorías: 100)

Ingredientes

- 1 melocotón jugoso
- ½ taza de yogur griego o yogur natural
- 1 plátano pequeño, pelado
- ⅔ taza de fresas descascadas
- 1 cucharadita de semillas de lino

Método

- Corta el melocotón por la mitad, retira el hueso y córtalo en cubos.

- Agrega todos los ingredientes a un procesador de alimentos.

- Licua hasta que los ingredientes se combinen.

- Sirve inmediatamente, o enfría por una hora antes de servir.

2. Tazón de yogurt

(Tiempo de Prep: 5 minutos. Calorías: 364. Proteína: 24g)

Ingredientes

- 1 taza de yogur griego simple
- ½ plátano en rodajas
- 3 fresas sin cáscara y en rodajas
- ¼ taza de arándanos frescos
- 2 cucharadas de miel orgánica local cruda.

Método

- En un plato hondo, coloca el yogurt.
- Agrega el plátano rebanado y las bayas.
- Rocía miel en la parte superior.
- Servir frío.

Consejo: Haz que el plato para el desayuno sea más nutritivo rociando semillas y nueces sobre él.

3. Omelet mediterráneo

(Tiempo de Prep: 10 minutos. Calorías: 560. Proteína: 20g)

Este omelet está lleno de proteínas y vegetales.

Ingredientes

- 2 huevos grandes
- 2 cucharadas de aceite de oliva extra virgen
- 1 cebolla amarilla mediana picada
- 1 diente de ajo picado
- 1 taza de espinaca picada
- ½ tomate mediano cortado en cubitos
- 2 cucharadas de leche descremada
- 4 aceitunas kalamata picadas y cortadas en cubitos
- Sal y pimienta para probar
- 3 cucharadas de queso feta desmenuzado
- 1 cucharada de perejil fresco picado

Método

- En una sartén, calienta el aceite.
- Agrega las cebollas y fríe hasta que estén doradas. También agrega el ajo y fríe por 2 minutos.
- Agrega la sal, la espinaca y los tomates y cocine por unos minutos.

- En un tazón, mezcla el huevo y la leche.

- Agrega pimienta y aceitunas a la sartén y vierte la mezcla de huevo sobre las verduras salteadas.

- Extiéndelo y calienta en el fuego para que el huevo se cocine rápidamente. Puedes levantar la tortilla un poco para permitir que la capa líquida superior vaya debajo del huevo cocinado. Continúa cocinando hasta que el huevo esté cocido.

- Dobla la tortilla a la mitad. Deslice sobre un plato y agregue el queso y el perejil recién picado. Sirve caliente.

4. Panqueques de trigo sarraceno

(Tiempo de Prep: 20 minutos. Calorías: 240. Proteína: 11g. Fiber: 12g)

El sarraceno es un grano de cereal y uno de los alimentos más saludables que puedes tener para el desayuno.

Ingredientes

- 1 huevo
- ¼ de cucharadita de bicarbonato de sodio
- 1 cucharadita de levadura en polvo
- 1 ¼ taza de suero de leche
- 1 taza de harina de sarraceno
- 1 ½ cucharadita de endulzante de Stevia
- ¼ cucharadita de extracto de vainilla
- Pizca de sal

- 1 cucharada de mantequilla clarificada (también llamada manteca, esta es mucho más saludable que la mantequilla normal. Puedes hacerlo en casa hirviendo la mantequilla sin sal hasta que el suero se separe, y te quede un líquido marrón claro en la parte superior). También puedes usar mantequilla regular.

Método

- En un tazón, mezcla la harina de sarraceno, soda, el polvo de hornear, el edulcorante y la sal.

- En otro tazón, mezcla todos los ingredientes húmedos: suero de leche, extracto y huevo. Batir juntos.

- Mezcla los ingredientes secos y húmedos para formar una masa espesa y suave. Déjalo reposar durante 15 minutos.

- Calienta una sartén y agrega un poco de ghee o mantequilla clarificada.

- Vierte una cucharada grande de masa en el centro de la sartén de unos pocos centímetros de diámetro y menos de una pulgada de grosor. Deja que la masa burbujee sobre lo que indica que es hora de darle la vuelta.

- Voltea el panqueque y cocina en ambos lados, vertiendo un poco más de mantequilla o manteca si es necesario para evitar que se pegue. El panqueque se hace una vez que esté dorado, en aproximadamente 2-3 minutos.

- Repite estos pasos para la masa restante.

- Sirve los panqueques calientes con jarabe de arce, fruta o miel.

5. Cuscús de Desayuno

(Tiempo de Prep: 18 minutos. Calorías: 259. Proteína: 13g)

El cuscús es una alternativa popular al arroz y la pasta, y puedes tomarlo para el desayuno sin acumular demasiadas Calorías en tu asignación diaria.

Ingredientes

- 1 taza de cuscús de trigo integral sin cocer
- 3 tazas de leche descremada
- Una barra de canela de 2"
- 6 cucharaditas de azúcar morena divididas
- Pizca de sal
- 4 cucharaditas de mantequilla divididas
- ¼ taza de pasas y pasas de Corinto
- ½ taza de albaricoques secos

Método

- En una sartén mediana, combine la leche y la canela y hierva durante 3 minutos, revolviendo continuamente.

- Retíralo del calor; agrega los frutos secos, cuscús, grosellas y sal y 4 cucharaditas de azúcar morena a la sartén. Mezclar bien. Cubre y mantenlo a un lado durante 15 minutos.

- Viértelo en 4 tazones para servir y agrega 1 cucharadita de mantequilla y ½ cucharadita de azúcar morena en la parte superior de cada tazón. Revuelve y sírvelo inmediatamente.

6. Desayuno mediterráneo simple a la Roma

(Tiempo de Prep: 10 minutos. Calorías: 425. Proteína: 12g)

Este es un simple desayuno romano que se come en el verano, cuando los tomates están llenos de ricos sabores.

Ingredientes

- 50 g de queso ricotta fresco
- 2 huevos hervidos o escalfados
- 1 rebanada de pan de centeno de masa fermentada
- 2-3 rebanadas de tomates Roma frescos
- 1-2 cucharaditas de aceite de oliva
- Sal marina y pimienta negra fresca al gusto

Método

- Extiende la ricotta en el pan y cúbrelo con los huevos. En el plato, coloca el pan ensamblado al lado de las rodajas de tomate. Rocía aceite de oliva y sazona con sal y pimienta.

7. Avena con frutas y nueces

(Tiempo de Prep: 5 minutos. Calorías: 150 con agua, o 230 si usas leche descremada.)

El desayuno no puede ser más simple que esto.

Ingredientes

- ½ taza de avena (se cocinará a 1 taza)
- 1 taza de leche descremada o agua
- ¼ cucharadita de canela
- 1 manzana picada
- Puñado de pasas
- ¼ taza de arándanos secos
- Nueces variadas, blanqueadas y cortadas para espolvorear en la parte superior
- ½ cucharadita de azúcar morena, melaza, Stevia o miel (opcional)

Método

- Cocina la avena según las instrucciones, y agrega los ingredientes restantes.

- Agrega frutas y nueces de temporada para mejorar el sabor de la harina de avena. Puedes agregar arándanos, fresas y jarabe de arce para una combinación clásica.

8. Parfait de fruta y yogur con granola

(Tiempo de Prep: 5 minutos. Calorías: 200.)

Otro desayuno simple para los que vigilan su peso con la dieta Med, esta es una receta rápida y fácil que es sabrosa, saludable y crujiente.

Ingredientes

- 1 taza de yogur griego sin grasa
- 1 cucharadita de miel
- ¼ taza de cereal de granola
- frutas frescas o congeladas

Método

- Mezcla yogurt y miel. Agrega la fruta y espolvorea la granola encima.

Consejo: No mezcles la granola con la mezcla para mantenerla crujiente.

9. Omelet Italiano

(Tiempo de Prep: 25 minutos. Calorías: 450)

Este es un delicioso desayuno servido en Italia.

Ingredientes

- 1 taza de champiñones en rodajas y calabacín
- 3 cucharadas de aceite de oliva dividido
- 4 huevos
- 3 cucharadas de agua
- Sal y pimienta
- ½ taza de mozzarella
- Para la salsa: 1 cucharada de aceite de oliva, 1 tomate mediano picado, 2 cucharadas de perejil picado, 1 diente de ajo, ½ cucharadita de albahaca, una pizca de sal.

Método

- En una sartén, calienta un poco de aceite de oliva y agrega el calabacín y los champiñones. Saltea hasta que se dore. Guárdalos a un lado (tibio).

- En un tazón, mezcla los huevos, el agua, la sal y la pimienta. Calienta la sartén y agrega el aceite restante. Agrega los huevos batidos. Cocínalo por unos minutos. A medida que los huevos se cocinan, empuja la porción sin cocinar debajo, y deja que la parte superior se asiente. Uno de los huevos está cocido, agrega las verduras por un lado y espolvorea queso mozzarella. Dobla la otra mitad del huevo sobre el relleno. Retira los huevos en un plato.

- Para hacer la salsa, caliente el aceite. Agregue los tomates, el ajo, la albahaca y el perejil. Cocine hasta que se caliente.

- Sirve la salsa con la tortilla.

10. Gachas de avena saludable con avena arrollada

(Tiempo de Prep: 5 minutos. Calorías: 223)

Esta avena contiene avena y yogur. Es una papilla fría que es genial para el desayuno o para un tentempié por la tarde. Haz un lote más grande y almacena las gachas en el refrigerador por hasta 4 días.

Ingredientes

- 1 taza de yogur natural bajo en grasa mezclado con ½ bsp. miel o 1 taza de yogur con sabor a vainilla
- ¼ de taza de avena
- 1 cucharada de copos de centeno
- Ciruelas, plátanos en rodajas, canela molida y un poco más de yogur para servir.

Método

- Mezcla los copos de avena y de centeno con yogur y déjalos reposar toda la noche en el refrigerador.

• En la mañana, sírvelo con ciruelas, canela, plátanos y yogur y rocía un poco más de miel en la parte superiorMix oats y copos de centeno con yogur y dejalo reposar toda la noche en el refrigerador.

• En la mañana, sirvelo con ciruelas, canela, plátanos y yogur y rocía un poco más de miel en la parte superior.

Capítulo 4: Recetas mediterráneas para el almuerzo

¿Sabías que la dieta Med también se conoce como la "dieta contra el cáncer"? [11] En este capítulo, cubriremos recetas fáciles de almuerzo que no le tomarán demasiado tiempo y proporcionarán una gran cantidad de antioxidantes. Los principales ingredientes son granos saludables, vegetales de temporada y carne magra. ¡Disfrutar!

1. Polenta

(Tiempo de Prep: 15 minutos. Calorías: 112. Proteína: 5g)

Sirve este plato de polenta con su pan o sopa favorita o disfrútalo solo.

Ingredientes

- ½ taza de harina de maíz o polenta amarilla
- 1 taza de leche descremada
- 2 tazas de agua o agua casera
- 1 taza de queso
- 1-2 cucharadas de mantequilla (opcional)

Método

- Hierve agua/caldo y leche.
- Agrega la polenta y el batidor. Revuelve continuamente.
- La polenta tardará unos 10 minutos en cocinarse. La consistencia debe parecerse al puré de papas.
- Retíralo del calor. Agrega queso.

- Cubre y mantenga por 5 minutos.
- Servir caliente

2. Sopa de garbanzo marroquí

(Tiempo de Prep: 20 minutos. Calorías: 107)

Esta es una receta abundante de sopa perfecta para los días fríos. Puede hacer un lote grande y mantenerlo en el refrigerador por hasta 3 días. Empaquétalo en un recipiente hermético y llévalo al trabajo.

Ingredientes

- 2 cucharaditas de aceite de oliva
- 1 cebolla mediana picada
- 2 zanahorias medianas, cortadas en cubitos
- 2 palitos de apio, limpios y cortados en cubitos
- 2 latas de garbanzos enjuagados
- 1 lata de tomates bajos en sodio
- 2 dientes de ajo machacados
- 2 cucharaditas de condimento marroquí

- 2 tazas de caldo de verduras o pollo bajo en sodio
- 1 taza de agua
- Hojas de cilantro fresco, picadas (opcional)
- Yogur bajo en grasa fresco (opcional)
- pimienta negra al gusto

Método

- En una olla grande, calienta el aceite y agrega las verduras picadas. Tapa y cocínalo durante 3 minutos hasta que los vegetales estén suaves.

- Agrega el ajo y fríelo por un minuto.

- Agrega los garbanzos, tomates, caldo y agua. Pon a hervir la mezcla, cubra y cocine a fuego lento hasta por 10 minutos.

- Retira la mitad de la sopa en un recipiente y deja que se enfríe. Vierte esta mitad en una licuadora y mézclalo hasta que quede cremoso. Regresa la sopa cremosa a la sopa restante en la sartén. Calentar a fuego medio durante 2-3 minutos.

- Coloca en cucharones en tazones y sírvelo con yogur (opcional), y decora con hojas de cilantro o cilantro recién picadas.

3. Frijol y Salmon salteado

(Tiempo de Prep: 10 minutos. Calorías: 127)

A los amantes de los mariscos y los chinos les encantará esta receta de frijoles y salmón salteado. Sirvelo con arroz integral para un relleno y una comida saludable.

Ingredientes

- ¼ taza de agua
- 2 cucharadas de salsa de vinagre de arroz y ajo negro.
- 1 cucharada de jerez seco
- 2 cucharadas de harina de maíz
- 1 cucharada de aceite de oliva
- 500g de salmón picados en cubos pequeños
- 2 tazas de brotes de mungo
- 1 manojo de cebolletas en rodajas.

Método

- En un tazón pequeño, mezcla agua, harina de maíz, vinagre, salsa de ajo y jerez.
- En una sartén grande, calienta el aceite y agrega los cubos de salmón. Freír las piezas hasta que se doren. Agrega los brotes de frijol mungo, los cebollines y la mezcla de salsa de ajo y frijol. Revuelve para cubrir las piezas de salmón.
- Cocina por 2-3 minutos hasta que los brotes estén tiernos.
- Sirvelos con verduras salteadas o arroz integral

4. Col roja fácil y ensalada de nueces

(Tiempo de Prep: 10 minutos. Calorías: 150)

Esta ensalada deliciosa y ligera es una alternativa ideal a la ensalada de col tradicional.

Ingredientes

- ½ col roja en rodajas finas
- 1 manzana grande, sin corazón, pelada y rallada
- 1 chalote finamente picado
- 2 cucharadas de vinagre de sidra de manzana o vinagre de vino tinto
- 2 cucharadas de pasas
- Puñado de nueces picadas
- 2 cucharadas de aceite de nuez y aceite de oliva
- Sal y pimienta para probar
- ramitas de cilantro (opcional)

Método

• En un tazón, mezcla la chalota y el vinagre y deja que la mezcla se infunda durante 5 minutos.

• Agrega los aceites, condimentos y repollo. Mezclar todo junto.

• Agrega la manzana rallada y combínalo.

• Agrega las pasas y nueces y mezclalo bien. Puedes dejar reposar la ensalada durante media hora o comer de inmediato. Adorna con cilantro.

• Variación: agrega tomates finamente picados en lugar de manzana, como se muestra en la imagen de arriba.

5. Paella de camaron y pollo fácil

(Tiempo de Prep: 30 minutos. Calorías: 332)

La paella es un plato de arroz español con pollo o marisco. A tu familia le encantará su sabor distintivo y colores brillantes. La mejor parte es que este plato contiene cúrcuma, una especia extremadamente saludable con propiedades contra el cáncer [12].

Ingredientes

- 1 cucharada de aceite de oliva
- 1 cebolla picada
- 2 pimientos rojos, rebanados
- 6 oz de salchichas de pollo, en cubos
- Pechugas de pollo de 0.5 lb, en cubos
- 3 tazas de arroz integral cocido
- 1 ½ tazas de guisantes congelados (descongelados)
- 3 dientes de ajo aplastados
- 3 cucharaditas de jugo de limón
- 2 cucharaditas de cada polvo de cúrcuma y cilantro
- 12 oz de camarones congelados pequeños, pelados

Método

- En una sartén, caliente el aceite y agregue las cebollas, los pimientos, los cubitos de pechuga de pollo y las salchichas. Freír un minuto y luego cubrir y cocinar durante 3-4 minutos hasta que la salchicha y la pechuga de pollo estén bien cocidas.

• En un tazón, agrega el arroz, el jugo de limón, los guisantes, el ajo, la cúrcuma y el cilantro en polvo. Mezclar bien.

• Agrega la mezcla de arroz a la sartén con pollo. Coloca los camarones sobre el arroz y cubra y cocine a fuego lento hasta que los camarones estén cocidos, aproximadamente 3 minutos.

6. Mezcla de lentejas con vegetales coloridos

(Tiempo de Prep: 25 minutos. Calorías: 300. Proteína: 22g)

Este es un plato vegetariano con lentejas y verduras nutritivas. Es una deliciosa receta de alta proteína que todavía tiene muy pocas calorías.

Ingredientes

- 2 tazas de caldo de verduras
- 1 taza de agua
- 1 taza de lentejas, lavadas
- 3-4 dientes de ajo, aplastados
- Una pizca de sal, pimienta y orégano cada uno
- 6 tazas de verduras - en cubos, en rodajas o picadas: brócoli, pimientos, zanahorias, calabazas y cebollas
- 2 cucharadas de menta finamente picada
- 2 oz de queso de cabra desmenuzado
- Para el aderezo: 1 cucharada de mostaza Dijon, 2 cucharadas de aceite de oliva, 1 cucharadita de jugo de limón

Método

- En una olla grande, calienta el caldo y el agua. Agrega las lentejas, sal, pimienta, ajo y orégano y deja hervir. Reduce el fuego y cocina a fuego lento durante 20 minutos.

- En un barco a vapor, cocina todas las verduras hasta que estén tiernas y un poco de crujientes.

- Batir los ingredientes para el aderezo.

- En un tazón grande, coloca las lentejas cocidas, las verduras y el aderezo. Mezcla hasta que esté cubierto.

- Agrega el queso desmenuzado en la parte superior y sírvelo.

7. Plaki griego (Verduras y pescado horneado)

(Tiempo de Prep: 30 minutos. Calorías: 430)

Este es un plato griego clásico que se puede comer caliente o frío. Ingredientes.

Ingredientes

- 3 cucharadas de aceite de oliva
- 2 cebollas medianas, picadas
- 2 dientes de ajo, aplastados
- 1 apio en cubos
- 2 zanahorias, en rodajas
- ¼ taza de caldo de verduras o agua
- ¼ de taza de vino blanco
- 2 tomates picados
- 600g de pescado firme (como el bacalao) cortados en filetes

- 10-12 aceitunas, picadas

- 3 rodajas de limón

- Sal, pimienta y orégano

Método

- Precalentar el horno a 350 grados.

- En una sartén, suaviza las cebollas en aceite de oliva por algunos minutos. Agrega ajo, verduras, agua/caldo y vino. Cocina a fuego lento durante 5-7 minutos hasta que los vegetales estén tiernos. Agrega los tomates y el orégano y cocínelos por 2-3 minutos más.

- En un plato a refractario, coloca los filetes y vierte la salsa sobre ellos. Esparce las aceitunas sobre ellas y agrega tres rodajas de limón de manera uniforme. Cubre con papel de aluminio y hornea por 20 minutos o hasta que el pescado se desmenuce al pincharlo con un cuchillo.

- Enfriar durante al menos cinco minutos antes de servir.

8. Caponata de berenjena siciliana fácil (estofado)

(Tiempo de Prep: 30 minutos. Calorías: 110)

Este plato tiene una variedad de sabores y texturas. Tiene berenjena suave, piñones fragantes y crujientes, y tomates afrutados acompañados de albahaca terrosa. Sírvase con arroz integral.

Ingredientes

- 2 berenjenas, cortadas en cubitos
- 1 cebolla mediana, en rodajas
- 4 palitos de apio, rebanados
- 4-5 tomates, picados
- 4 cucharadas de aceite de oliva
- 12 aceitunas negras, picadas
- 2 cucharadas de vinagre de vino tinto
- 1 cucharada de miel de acacia
- 2 cucharadas de albahaca o perejil, picado

- 2 cucharadas de piñones tostados, aplastados
- 2 cucharadas de alcaparras
- Sal y pimienta

Método

- Calienta el aceite de oliva en una sartén de fondo grueso. Agrégale las cebollas y dóralas.

- Agrega el apio y las berenjenas y cocínalo durante 10 minutos, revolviendo ocasionalmente para evitar que las verduras se peguen al fondo o se quemen.

- Agrega los tomates, la miel, las alcaparras, las aceitunas y el vinagre de vino. Cubre y cocina por 10-12 minutos.

- Antes de servir, agrega el perejil o la albahaca y las nueces picadas.

9. Salmón a la plancha con hierbas

(Tiempo de Prep: 30 minutos. Calorías: 367)

Ingredientes

- 450 g de filete de salmón
- 2 rodajas de limón
- 20-30 ramitas de hierbas frescas como romero, tomillo, salvia, perejil, etc. picadas y divididas en 2 lotes
- 1 diente de ajo, aplastado
- 1 cucharada de mostaza Dijon

Método

- Enciende la parrilla a fuego medio alto.

- En una bandeja para hornear sin borde, agrega dos capas de papel de aluminio resistente. Coloca las rodajas de limón en el centro de la lámina. Agrega las ramitas de hierbas en las rebanadas.

- Aplastar el ajo con sal. Mezcla la pasta de ajo y sal con 2 cucharadas de hierbas picadas.

- Extiende la mezcla en ambos lados de los filetes.

- Coloca el salmón sobre la pila de hierbas. Retira la lámina de la bandeja para hornear y deslícela sobre la parrilla manteniendo el salmón, el limón y las hierbas intactos.

- Cierra la parrilla y asa el pescado a fuego mediano durante 18-20 minutos.

- Sírvelo con arroz, verduras asadas a la parrilla o papas asadas.

10. Scaloppine de pollo con salsa de albahaca al limón
(Tiempo de Prep: 20 minutos. Calorías: 180)

No dejes que el nombre de este plato te intimide, ¡es menos complicado de lo que parece!

Ingredientes

- 1 cucharada de aceite de oliva
- ½ taza de vino blanco seco
- ½ taza de caldo de pollo bajo en sodio
- 4 pechugas de pollo (golpee primero para aplanar)
- 2 cucharadas de zumo de limón y alcaparras, escurridas
- ½ cucharadita de salsa Worcestershire y pimienta molida
- ½ taza de perejil picado

Método

- Calienta el aceite en una sartén antiadherente y agregue el vino y el caldo. Llevar a ebullición.

- Agrega el pollo y cúbrelo. Cocínalo por unos 6-8 minutos.

- Retira el pollo de la sartén y mantenlo cubierto.

- Continúa cocinando la salsa sobrante en la sartén. Agrega el jugo de limón, las alcaparras, la salsa Worcestershire y la pimienta. Regresa el pollo a la salsa y agregue el perejil.

- Variación: Agrega un surtido de verduras coloridas a esta receta para obtener antioxidantes y fitoquímicos. Servir como está o con arroz integral.

11. Risotto de jamón y maíz

(Tiempo de Prep: 30 minutos. Calorías: 584)

Ingredientes

- 2 cucharadas de aceite de oliva
- 2 dientes de ajo, aplastados
- 1 chalote picado
- 1 ½ taza de arroz Arborio
- Sal y pimienta para probar
- ¾ taza de vino blanco seco
- 4 tazas de caldo (pollo o vegetales) o agua
- 2 tazas de granos de maíz
- 8 oz de jamón ahumado rallado
- 4 onzas de queso
- ½ taza de cebollín, picado (deje un poco para decorar)

Método

• En una sartén grande, calienta el aceite. Agrega ajo y chalotes. Cocina por varios minutos.

• Agrega el arroz y fríe brevemente.

• Agrega vino y revuelve. Cocina por 1-2 minutos hasta que el líquido sea absorbido.

• Condimentar con sal y pimienta.

• Agrega el caldo poco a poco y cocine por 5 minutos. Si el arroz parece seco, agrega el resto del caldo.

• Agrega el maíz y cocine hasta que el maíz se vuelva tierno. Luego, agrega el jamón.

• Agrega el queso hasta que se derrita.

• Agrega cebollino. Añade sal y pimienta al gusto.

• Servir con más queso y cebollín en la parte superior.

12. Pasta con calabacín y mozzarella ahumada

(Tiempo de Prep: 30 minutos. Calorías: 500)

Ingredientes

- 2 cucharadas de mantequilla
- 2 cucharadas de aceite de oliva virgen extra
- 3 pimientos en rodajas finas
- 1 cebolla rebanada
- 2 calabacines medianos cortados en rodajas de ½ "
- Sal y pimienta para probar
- 12 oz de pasta de su elección
- 4 oz de mozzarella ahumada
- ½ taza de albahaca picada dividida para decorar

Método

- Cocina la pasta según las instrucciones del paquete. Escurrir pero reservar una taza de agua.

- Mientras tanto, calienta una sartén grande. Agrega aceite y mantequilla.

- Freír las cebollas, el pimiento y el calabacín hasta que las cebollas y los pimientos se ablanden y el calabacín quede crujiente.

- Agrega el queso, la pasta y una taza de agua de cocción. Mezcle para cubrir bien la pasta. Agrega la albahaca y mezcle bien.

- Agrega sal y pimienta.

- Si la pasta parece seca, agrega un poco de agua para aumentar la salsa.

- Servir caliente, adornado con más queso y hojas de albahaca.

13. Linguine sabrosa con coles de Bruselas

(Tiempo de Prep: 30 minutos. Calorías: 407)

Ingredientes

- 1 caja de linguine
- 2 cucharadas de aceite de oliva
- Sal y pimienta para probar
- 6 rebanadas de panceta o tocino gruesas
- 1 cebolla mediana picada
- 1 libra de coles de Bruselas
- 2 dientes de ajo
- 3 oz de queso (parmesano o mozzarella)
- ⅓ taza de vino blanco seco

Método

- Cocina la pasta de acuerdo con las instrucciones de la caja. Escurrir y apartar. Reserva una taza de agua para cocinar.

- En una sartén, calienta el aceite. Agrega ajo y cebollas. Freír hasta que las cebollas estén doradas.

- Agrega los coles de Bruselas y saltéalas hasta que los brotes se pongan verde brillante.

- Agrega el vino y revuélvelo hasta que el líquido sea absorbido.

- Agrega la pasta, queso, agua de cocción, sal y pimienta. Mezclar bien.

• Caliéntalo hasta que el queso se haya derretido y la pasta esté cremosa.

• Servir con queso rallado.

14. Pasta de pollo con una olla
(Tiempo de Prep: 30 minutos. Calorías: 500)

Ingredientes

- 1 caja de pasta
- 1 cucharada de aceite de oliva
- 1 lb de pollo cortado en pedazos del tamaño de un bocado
- 1 cucharada de mezcla de condimentos multiuso
- Sal y pimienta
- 3 dientes de ajo
- 1 lata de tomates secados al sol, drenados y picados
- 1 ½ tazas de queso mozzarella y leche entera
- ½ taza mitad y mitad
- ½ taza de caldo de pollo
- 2 tazas de hojas de espinaca

Método

- Cocina la pasta según las instrucciones. Escurrir y apartar.
- En una sartén, agrega aceite y ponlo a fuego medio.
- Saltear el pollo y sazonarlo. Cocínalo hasta que esté tierno.
- Agrega el ajo y los tomates secos picados.
- Agrega leche, caldo, mitad y mitad y queso. Cocinar hasta que la salsa se espese.

- Agrega la pasta y las hojas de espinaca. Cocínalo hasta que las hojas comiencen a cocinarse. Si la pasta parece seca, agrega un poco más de agua, leche o caldo.

15. Ensalada de frijoles con aguacate

(Tiempo de Prep: 20 minutos. Calorías: 283)

Ingredientes

- 2 aguacates grandes, pelados, sin hueso y en cubos
- ½ taza de pimiento rojo picado y pimiento verde
- 1 lata de su elección de frijoles (pinto, rojo, etc.), lavada y escurrida
- Gran cabeza de lechuga romana
- Para el aderezo: ½ taza de aceite de oliva y vinagre de vino de arroz, 2 cucharaditas de perejil y cilantro, 2 cucharadas de miel, ½ cucharadita de pimienta negra

Método

- Combina el pimiento, el aguacate y los frijoles en un tazón.
- En otro recipiente, mezcla los aderezos de Ingredientes. Deja la mitad del perejil para adornar. Mezcla la mezcla de frijoles con el aderezo para cubrir uniformemente.

- Coloca la ensalada sobre las hojas de lechuga. Espolvorea el perejil sobrante para adornar. Servir inmediatamente.

Capítulo 5: Recetas de cena mediterránea

Las recetas de la cena incluidas aquí generalmente toman un máximo de 30 minutos para prepararse, y todas son nutritivas y saludables. ¡Disfruta!

1. Fettuccine vegetal cremoso

(Tiempo de Prep: 30 minutos. Calorías: 312)

Ingredientes

- 8 oz de pasta fettuccine
- 1 taza de champiñones cortados en rodajas, pimientos rojos en rodajas, pimientos verdes en rodajas y brotes de brócoli
- 2 cucharaditas de aceite de oliva
- 1 cucharadita de mantequilla.
- 1 cucharada de harina para todo uso
- 2 dientes de ajo aplastados
- Queso parmesano (al gusto)
- 2 onzas de queso crema claro
- 2 onzas de queso gorgonzola desmenuzado
- Sal y pimienta
- 1 ¼ tazas de leche descremada

Método

- Cocina la pasta de acuerdo a las instrucciones.
- Cuece al vapor todas las verduras hasta que estén tiernas.

- En una olla grande, calienta el aceite. Agrega el ajo machacado. Deja que el ajo se dore. Luego agrega la harina y revuélvelo rápidamente. Si lo deseas, también puede agregar una cucharadita de mantequilla.

- Agrega leche, queso crema y queso gorgonzola. Revuelve y continúa calentando hasta que los quesos se derritan.

- Una vez que la salsa se espese, retírala del fuego. Ahora agrega la pasta y mezcla bien. Agrega las verduras y mezcla hasta que se mezcle bien.

- Cubre con parmesano rallado y pimienta.

2. Pizza de espinacas y tomate secado al sol

(Tiempo de Prep: 25 minutos. Calorías: 281 per slice)

Ingredientes

- ½ taza de tomates secados al sol envasados
- 2 cucharadas de albahaca fresca
- 3 cucharadas de queso parmesano
- ⅓ taza de jugo de tomate
- 1 base de masa de pizza lista para hornear
- 1 cucharadita de aceite de oliva
- 2 dientes de ajo
- 1 cucharada de vinagre balsámico
- 2 cucharadas de pasta de tomate
- 2 tazas de hojas frescas de espinaca

Método

• Vierte agua caliente sobre los tomates secados al sol y déjalos remojar durante 10 minutos.

• Para preparar el pesto: mezcla los tomates, el jugo de tomate, la pasta de tomate, la albahaca, el vinagre, el aceite de oliva, el ajo y el queso parmesano.

• Para ensamblar la pizza, extiende la salsa sobre la base de la pizza. Cúbrelo con hojas de espinaca y espolvoree mozzarella en la parte superior.

• Hornea según las instrucciones hasta que la masa esté cocida y el queso se derrita.

3. **Hamburguesas griegas**

(Tiempo de Prep: 20 minutos. Calorías: 338)

Ingredientes

- 1 libra de carne molida
- 1 cucharadita de orégano
- ¼ cucharadita de pimienta negra
- 1 cucharada de ajo
- 2 cucharadas de cebollas rojas picadas
- 1 oz de queso feta desmenuzado
- 4 bollos de hamburguesa de trigo integral

Método

- Precalentar la parrilla.

- Para hacer la carne: combina la carne, las especias, el ajo, la cebolla y la forma en 8 hamburguesas. Divide el queso de manera uniforme en 4 de las hamburguesas. Cubre con las hamburguesas restantes. Pellizca los bordes para sellar.

- Asa la carne. Gira a la mitad de la cocción. Deja las hamburguesas al fuego durante aproximadamente 10-12 minutos. No lo cocines en exceso.

- Monta la hamburguesa con rodajas de tomate y pepino.

4. Salmón parmesano al ajillo

(Tiempo de Prep: 20 minutos. Calorías: 318)

Ingredientes

- 1 libra de salmón
- 1 diente de ajo picado
- ½ cucharadita de salsa Inglesa
- ⅓ taza de mayonesa
- 3 cucharadas de queso parmesano rallado
- 3 cucharadas de cebollas picadas o cebolletas

Método

- Lava los filetes de pescado. Sécalos con una servilleta.

- Para hacer la salsa: mezcla el ajo, la salsa Inglesa, la mayonesa, la cebolla y el queso.

- Extiende la salsa uniformemente sobre los filetes de pescado. Coloca el filete en un plato para hornear forrado con papel de mantequilla.

- Hornea durante 15 minutos a 450 grados.

- Sirvelo con un lado de brócoli al vapor y otras verduras.

5. Pitas de frijol negro y maíz

(Tiempo de Prep: 15 minutos. Calorías: 430)

Ingredientes

- 1 lata de frijoles negros bajos en sodio, escurrida y enjuagada
- 1 taza de maíz congelado (descongelado)
- 1 taza de tomates enlatados bajos en sodio o tomates frescos picados
- 1 aguacate picado
- 1 cucharadita de perejil picado
- Sal y pimienta para probar
- ⅓ taza de mozzarella rallada
- 2 cucharaditas de jugo de limón
- 1 cucharadita de chile en polvo
- 4 panes pita hechos con trigo integral

Método

• En un tazón, mezcle los frijoles, el maíz, los tomates, el aguacate, el perejil, el jugo de limón, el chile en polvo, la sal y la pimienta.

• Corta el pan de pita por la mitad para formar bolsillos. Llena cada bolsillo con la mezcla de frijoles. Agrega el queso y el perejil en la parte superior. Servir.

6. Tortas de pollo

(Tiempo de Prep: 15 minutos. Calorías: 383)

Ingredientes

- 2 tazas de pollo hervido y rallado
- 1 cucharadita de chile en polvo
- 2 tazas de salsa fresca
- 2 tazas de lechuga picada
- 4 rebanadas delgadas de cebollas blancas
- ½ taza de queso rallado (feta o Monterey jack)
- 2 rábanos en rodajas
- 1 aguacate, picado
- 1 panecillo grande de bolillo, cortado por la mitad

Método

- En un tazón, mezcla el pollo, el chile en polvo y la salsa.
- En otro tazón, combina las verduras (lechuga, cebolla, queso y rábanos).
- Con una cuchara, mezcla de pollo y lechuga dentro del pan. Cubre con salsa fresca y sírvelo.

7. Gyro saludable

(Tiempo de Prep: 25 minutos. Calorías: 500)

Los gyros son un plato griego hecho con carne de asador y se sirve dentro de los panes de pita.

Ingredientes

- 1 taza de cebolla en rodajas
- 2 tazas de pimientos verdes y rojos en rodajas
- 1 cucharada de jugo de limón
- 1 cucharada de aceite de oliva
- ½ libra de pavo o pollo, cortado en tiras
- 1 manzana mediana, sin corazón y en rodajas
- 6 panes de pita de trigo integral
- ½ taza de yogur griego bajo en grasa

Método

- En una sartén, calienta el aceite. Agrega la cebolla, la sal, el jugo de limón y los pimientos. Saltéalo hasta que esté dorado y crujiente.

- Agrega el pollo o el pavo y saltéalo hasta que la carne esté cocida.

- Retíralo del calor. Agrega las rodajas de manzana.

- Batir el yogur con un tenedor hasta que esté líquido.

- Para ensamblar el gyro: agrega la mezcla de carne y manzana al pita y doblalo. Agrega el yogurt encima. Sirve caliente.

8. Cena de pavo en un plato

(Tiempo de Prep: 30 minutos. Calorías: 286)

Ingredientes

- ¾ lb pavo molido
- 1 cebolla mediana picada
- 2 calabacines medianos, en rodajas
- 3 tomates, picados
- 3 cucharadas de pasta de tomate
- Aceite de oliva
- 1 cucharadita de cada orégano, tomillo, albahaca y ajo en polvo
- Sal y pimienta

Método

- En una sartén, agrega el aceite de oliva y el calor.
- Agrega el pavo molido y las cebollas. Freír hasta que las cebollas estén doradas y suaves, aproximadamente 10 minutos.

- Agrega los ingredientes restantes y cocina a fuego lento durante 10 minutos.

- Agrega el calabacín y cocine durante 5 minutos más.

- Sirve con ensalada, arroz blanco o arroz integral.

9. Pollo al limón con hierbas y verduras

(Tiempo de Prep: 30 minutos. Calorías: 400)

Ingredientes

- ½ lb de papas rojas pequeñas, en cubos
- 1 ½ tazas de zanahorias pequeñas
- 1 taza de judías verdes, recortadas
- 2 pechugas de pollo deshuesadas y sin piel, cortadas a la mitad
- 1 cucharada de aceite de oliva
- ½ taza de jugo de limón
- 2 cucharadas de miel
- 1 cucharada de romero fresco picado o 1 cucharadita de romero seco
- 1 cucharadita de ralladura de limón
- Sal y pimienta para probar

Método

- Cocina las papas, las zanahorias y los frijoles en agua hirviendo durante 8 minutos. Drena el agua y ponga las verduras a un lado.

- En una sartén mediana, calienta el aceite de oliva y agrega las pechugas de pollo. Cocina cada pechuga durante 3-4 minutos a cada lado.

- Agrega las verduras hervidas y los ingredientes restantes, excepto el jugo de limón en la sartén. Cubre y cocínalo por 5 minutos.

- Apaga el fuego. Prueba el sabor y ajusta los condimentos según tus preferencias. Agrega el jugo de limón y sírvelo con una ensalada verde crujiente.

10. Espagueti con salsa de pavo
(Tiempo de Prep: 30 minutos. Calorías: 346)

Ingredientes

- 1 libra de espagueti
- 2 dientes de ajo, aplastados
- Sal y pimienta
- 1 cucharadita de orégano seco
- 1 taza de cebollas picadas
- 2 latas de tomates cortados en cubitos (guarda el jugo)
- 1 pimiento verde picado
- ¾ lb pavo molido
- 1-2 cucharadas de aceite de oliva

Método

- Cocina los espaguetis según las instrucciones. Desagua.

- Calienta el aceite en una sartén y cocínelo durante 5-7 minutos. Drena la grasa.

- Agrega pimientos, cebollas, orégano y tomates, incluido el jugo. Agrega sal y pimienta. Tapa y cocina la salsa por 15 minutos, revolviendo ocasionalmente.

- Vierte la salsa de pavo sobre los espaguetis y sirvelo caliente.

11. Quesadilla de vegetales

(Tiempo de Prep: 20 minutos. Calorías: 128)

Ingredientes

- Cuatro tortillas de trigo de 7"
- 8 cucharadas de queso crema bajo en grasa
- 2 tazas de lechuga picada
- 1 taza de espinacas ralladas
- 1 taza de tomate picado
- ½ taza de pimientos rojos, amarillos y verdes mezclados, picados
- ½ taza de pepino picado
- ¼ taza de chiles picados
- ¼ taza de aceitunas picadas

Método

- Extiende el queso crema sobre cada envoltura.

- Agrega las verduras más de la mitad de la envoltura.

- Dobla y enrolla firmemente para encerrar el relleno. Servir.

12. Falafel

(Tiempo de Prep: 30 minutos. Calorías: 333)

Ingredientes

- 1 lata de garbanzos, escurridos y lavados
- 1 cebolla picada
- 1 diente de ajo, aplastado
- 1 cucharadita de comino y polvo de cilantro
- 1 cucharadita de levadura en polvo
- Sal y pimienta para probar
- 1 huevo
- Aceite de oliva

Método

- Tritura los garbanzos con un triturador.
- Mezcla todos los ingredientes para formar una masa pegajosa.
- Toma un poco de aceite en sus manos y dé forma a la mezcla en empanadas.
- Calienta el aceite y fría cada falafel hasta que se dore.
- Drena los falafels en una toalla de papel.
- Sirve con ketchup, salsa de yogurt de pepino y menta, arroz o en pan de pita.

13. Pescado al horno con arroz

(Tiempo de Prep: 25 minutos. Calorías: 392)

Ingredientes

- 2 cucharadas de aceite de oliva
- 1 cebolla picada
- 2 huevos
- 1 taza de leche
- 1 taza de granos de maíz (o 1 taza de guisantes)
- 1 cucharada de harina para todo uso
- ¼ de taza de queso bajo en grasa rallado
- 2 latas pequeñas de atún, escurridas y enjuagadas
- Sal y pimienta para probar
- 4 tazas pequeñas de arroz cocido (o usa las sobras de otro platillo)

Método

- Precalentar el horno a 350 grados.

- En una olla, calienta el aceite. Agrega cebollas y maíz o guisantes. Cocinar hasta que las verduras estén tiernas.

- Agregar la harina y mezcle. Retira la sartén del fuego y agrega lentamente la leche, batiendo continuamente para evitar grumos.

- Regresa la sartén al fuego y continúa cocinando hasta que la salsa se espese. Apaga el fuego. Rompe los huevos en la sartén y agregue el queso. Mezclar bien.

- Agrega atún, sal y pimienta. Agrega el arroz Mezcla.

- Prepara una cazuela para hornear aplicando un poco de mantequilla y vierta la mezcla de arroz.

- Hornea a 350 grados por 15 minutos.

14. Cuscús sensillo

(Tiempo de Prep: 10 minutos. Calorías: 112)

Ingredientes

- 1 cubo de caldo de pollo o carne de res, o mezcla de sopa en polvo
- 1 taza de agua
- 1 taza de cuscús

Método

- Hierve el agua y disuelva la mezcla de sopa o el cubo de caldo.
- Vierte el cubo de caldo hirviendo en cuscús en otro recipiente.
- Mezcla con un tenedor y mezcle bien. Cubre y reserva por 10 minutos. Mezcla de nuevo. Servir caliente.

15. Sopa de verduras gruesas

(Tiempo de Prep: 30 minutos. Calorías: 333)

Ingredientes

- 2 cucharaditas de aceite de oliva
- 1 cebolla picada
- 4 tazas de caldo de pollo
- 1 ½ tazas de tomates enlatados
- 1 cucharadita de cada albahaca seca y orégano
- 1 cucharada de perejil seco
- 2 hojas de laurel
- 2 zanahorias picadas
- 2 papas o batatas, cortadas en cubitos
- 2 tallos de apio, cortados en cubitos
- 1 lata de frijoles, escurrida y enjuagada

Método

- Calienta el aceite en una olla grande.
- Agrega las cebollas y doralas.
- Agrega el caldo, los tomates, la albahaca, el orégano, el perejil, las papas, el apio y las zanahorias y hierva la mezcla. Baja la temperatura y cocínalo a fuego lento durante 15 minutos hasta que los vegetales estén tiernos.

- Agrega los frijoles y cocínalos hasta que se caliente, aproximadamente otros 3 minutos. Condimentar con sal y pimienta. Sírvelo caliente con arroz o pan.

Nota: si estás usando caldo condensado en lata, dilúyelo con una taza de agua.

16. Ensalada de frijoles negros con aderezo de lima y aguacate

(Tiempo de Prep: 10 minutos. Calorías: 125)

Ingredientes

- 2 latas de frijoles negros, lavados
- 1 aguacate, puré
- ½ taza de cilantro picado
- 2 cucharadas de jugo de lima
- 4 tazas de lechuga romana picada
- 1 taza de tomates cereza picados
- 1 taza de maíz congelado (descongelado)
- 1 pimiento rojo picado
- ½ taza de semillas o nueces tostadas (calabaza, piñones, etc.)

Método

- Batir el cilantro, el aguacate y el jugo de lima.

- Agrega los frijoles, la lechuga, el pimiento y los tomates. Mezcla para cubrir bien.

- Agrega el maíz y las nueces/semillas. Mezcla bien y sirva frío.

17. Cazuela de macarrones de pollo

(Tiempo de Prep: 25 minutos. Calorías: 479)

Ingredientes

- ½ lb de pollo, cocido y rallado
- ½ taza de cebollas picadas
- ½ taza de leche
- 2 latas de sopa de crema de pollo
- Sal y pimienta para probar
- 1 taza de macarrones
- 2 tazas de queso cheddar rallado
- Aceite de oliva
- Galletas Ritz, desmenuzadas

Método

- Cocina los macarrones de acuerdo con las instrucciones del paquete. Escurrir y apartar.

- Precalentar el horno a 350 grados.

- En una sartén, agrega el aceite de oliva y la cebolla. Freír hasta que las cebollas se vuelvan translúcidas.

- Agrega la sopa y aproximadamente la mitad del queso y mezcle bien. Agrega la leche, revolviendo continuamente. Cocina a fuego medio.

- Agrega el pollo cocido y los macarrones y mezcle bien. Agrega sal y pimienta.

- Transfiere el pollo y los macarrones a una cazuela con migas de galleta Ritz.

- Hornea por 15 minutos hasta que se caliente.

- Cubre con queso restante y hornea por 5 minutos más.

18. Bistro Sandwich

(Tiempo de Prep: 10 minutos. Calorías: 301)

Ingredientes

- ¾ cucharada de tomates secos en rodajas finas
- 1 cucharada de vinagre de vino tinto
- Escamas de pimienta roja al gusto
- 1 ½ cucharada de queso Neufchatel
- 2 cucharadas de queso feta desmenuzado
- 3 a 5 aceitunas griegas picadas y picadas
- 3 dientes de ajo, aplastados
- ½ cucharadita de albahaca seca
- ¼ cucharadita de pimiento rojo dulce
- 2-4 rebanadas de masa fermentada o pan integral
- ¾ taza de espinacas picadas

Método

- Para hacer que el queso de tomate se extienda, combina los tomates secados al sol, el vinagre y las hojuelas de pimiento rojo. Calentar suavemente a fuego lento durante 3 minutos. En otro tazón, bata los dos quesos y añade la mezcla de vinagre de tomate, las aceitunas, el ajo y la albahaca seca. Usa la extensión inmediatamente o refrigérela por hasta 2 días.

- Para armar el sándwich, aplica la extensión sobre el pan. Agrega las hojas de espinaca y espolvorea el pimiento rojo dulce. Corta el pan en diagonal. Servir.

19. Polenta de hongos y col rizada

(Tiempo de Prep: 25 minutos. Calorías: 305)

Ingredientes

- ⅔ taza de polenta
- 250 g de col rizada
- Champiñones de 500 g
- 2 cucharadas de salsa tamari
- 2 cucharadas de tomillo fresco, picado
- Jugo de ½ limón
- Aceite de oliva

Método

- Precalentar el horno a 375 grados.

- En una cacerola, hierve 3 tazas de agua y agregue la polenta, revolviendo continuamente. Sigue revolviendo hasta que la polenta se espese. Coloca la tapa en la sartén y cocine a fuego lento durante 2 minutos a fuego medio. Sigue revolviendo de vez en cuando. Cocínalo por 3 minutos más, luego apaga el fuego. Mantén la sartén tapada para que la polenta continúe cocinándose.

- Retira los tallos de la col rizada. Coloca las hojas en una bandeja para hornear con un poco de aceite de oliva, sal y pimienta. Hornea las hojas por 15 minutos.

- En una sartén, calienta el aceite de oliva y fríe los champiñones con salsa de tamari y hojas de tomillo. Saltear durante 5-7 minutos.

- Una vez que todo esté cocido, agrega el jugo de limón a la polenta.

- Para servir, vierte la polenta en un plato hondo. Agrega los champiñones y las hojas de col rizada en la parte superior.

20. Envoltura de hummus de Atún

(Tiempo de Prep: 20 minutos. Calorías: 280)

Ingredientes

- 6 oz de lata de atún
- 1 pepino pequeño, pelado y en rodajas
- 1 tomate pequeño, en rodajas
- 2 cucharadas de aceite de oliva
- 1 cucharada de eneldo fresco
- ¼ cucharadita de pimienta
- ⅓ taza de hummus
- Envolturas de tortilla de 8 pulgadas hechas de trigo integral
- 4 tazas de lechuga picada gruesa

Método:

- Mezcla atún, pepino, tomate, aceite, eneldo y pimienta.
- Esparce hummus sobre cada tortilla.
- Divide el atún de manera uniforme entre las envolturas.
- Asegura las envolturas doblándolas. Servir inmediatamente.

Capítulo 6: Recetas de bocadillos mediterráneas

Estos bocadillos son rápidos, saludables y deliciosos. Son lo perfecto para no marearte entre comidas.

1.   Hummus

(Tiempo de Prep: 5 minutos. Calorías: 166)

Ingredientes

- 1 ½ taza de garbanzos cocidos
- ½ taza de aceite
- 1-2 cucharaditas de ajo, finamente picado
- ¼ de taza de jugo de limón (opcional)
- Una pizca de sal

Método

- Picar los garbanzos para eliminar la capa exterior. No te preocupes si no obtienes todas las conchas. Esto le da una buena textura al humus.

- Tritura los garbanzos con un triturador. Agrega sal, limón y ajo. Rocía aceite y mezcle bien. Almacenar en el refrigerador.

- Sirve con pan de pita, zanahorias, apio, galletas de arroz, etc.

2. Bocadillo de mezcla de frutas y nueces

(Tiempo de Prep: 25 minutos. Calorías: 384)

Ingredientes

- 1 cucharada de mantequilla
- ¼ de taza de miel
- 1 cucharadita de extracto de almendra
- 1 cucharadita de canela molida
- 2 tazas de avena pasada de moda
- ½ taza de almendras, chips de plátano seco, mezcla de frutas tropicales y pasas

Método

- Precalentar el horno a 350 grados.
- En una sartén, derrite la mantequilla. Agrega miel, extracto de almendra y canela. Mezclar bien. Agrega la avena y revuelva.
- Prepara una bandeja para hornear forrándola con papel pergamino.
- Transfiere la mezcla de avena pegajosa a la bandeja para hornear y extiéndala de manera uniforme. No debe tener más de 1 pulgada de grosor.
- Hornea por 10 minutos. Agrega las almendras y hornea durante 5 minutos. Retíralo del horno. Agrega los plátanos, las frutas y las pasas. Enfriar completamente antes de servir.

3. Licuado de uva

(Tiempo de Prep: 5 minutos. Calorías: 187)

Ingredientes

- 1 taza de uvas sin semillas

- ½ taza de cerezas congeladas, fresas congeladas, naranjas y rodajas de platano

Método

- Mezcla todos los ingredientes en una licuadora hasta que quede suave. Servir frío.

4. Fruta a la parrilla

(Tiempo de Prep: 10 minutos. Calorías: 19)

Ingredientes

- 4 melocotones, ciruelas o nectarinas cortadas en mitades

Método

- Ase la fruta en el extremo más frío de la parrilla por hasta 8 minutos. Dé vuelta después de 4 minutos. Servir caliente.

5. Dip de Tzatziki (Dip de pepino y yogurt)

(Tiempo de Prep: 5 minutos. Calorías: 35)

Ingredientes

- 1 taza de yogur griego simple, bajo en grasa
- 2 pepinos libaneses, rallados y escurridos
- 2 dientes de ajo picados
- 1 cucharada de aceite de oliva
- Sal y pimienta

Método

- Mezcla el aceite de oliva y el ajo en un tazón.
- Agrega todos los ingredientes restantes.
- Sirve con espárragos, brócoli, zanahorias y otras verduras.

Conclusión

La dieta mediterránea es un enfoque revolucionario para una alimentación saludable. Con las pautas de este libro, puedes comer como los griegos y los italianos lo han hecho desde la antigüedad. Al seguir la dieta mediterránea, no solo perderás peso, sino que también podrías verte más joven y vivir más tiempo. Esta dieta basada en plantas con abundantes frutas, verduras y granos integrales es el camino hacia una mejor salud del corazón y un menor riesgo de diabetes, hipertensión y otras enfermedades del estilo de vida. Las recetas en este libro electrónico son fáciles de seguir y maravillosas para comer. Frutas, verduras, grasas saludables para el corazón, un vaso de vino tinto y comidas disfrutadas con amigos y familiares: esa es la clave de una vida larga y feliz. ¡A Disfrutar!

Estoy muy agradecido de que hayas decidido comprar mi libro y comenzar a mejorar tu salud. ¡Incluso terminaste el libro, bien hecho!

¡Como agradecimiento, quiero enviarte OTRAS 20 recetas de Dieta Mediterránea para que disfrutes absolutamente GRATIS! ¡Simplemente haz clic en el siguiente enlace para obtener más de 20 recetas de dieta mediterránea GRATIS!

https://mediterraneandietforbeginners.com/freegift

Si encontraste que este libro es informativo y disfrutaste de las recetas, ¡realmente apreciaría que dejases una crítica! Esto ayudará a otros compradores a clasificar los libros sin sentido que existen ahí afuera (y créanme, hay un montón de ellos) y los ayudarás a guiarlos hacia los libros más útiles, así que tómense el tiempo para ayudar a sus colegas lectores. El enlace para dejar su opinión está aquí: Deje un comentario

¡Agrega grupo de Facebook, también! Es una comunidad fantástica de personas interesadas en la dieta mediterránea. ¡Mucha información excelente, deliciosas recetas y gente maravillosa!
https://www.facebook.com/groups/1023957707694936/

[1] http://onlinelibrary.wiley.com/doi/10.1002/ana.20854/full
[1] http://www.drhirani.com/Assets/lyonfinalreport.pdf
[1] http://www.bmj.com/content/337/bmj.a1344.short
[2] http://health.usnews.com/best-diet/mediterranean-diet
[3] https://www.hsph.harvard.edu/obesity-prevention-source/obesity-causes/diet-and-weight/
[4] http://www.medicaldaily.com/heart-health-plan-follows-cardiologist-approved-mediterranean-diet-how-live-and-eat-321902
[5] http://www.webmd.com/vitamins-and-supplements/news/20140512/resveratrol-in-red-wine-may-not-be-such-a-health-booster-after-all
[6] Basado en el estudio Lyon Diet Heart tomado de The Everything Mediterranean Libro de Dieta: Todo lo que necesita para perder peso y mantenerse...By Connie Diekman, Sam Sotiropoulos
[7] http://www.dssimon.com/MM/ACP-mediteranian-diet/Mediterranean_Diet_with_No_Fat_Restrictions.pdf
[8] http://www.nejm.org/doi/full/10.1056/NEJMoa1200303
[9] http://archinte.jamanetwork.com/article.aspx?articleid=773456
[10] https://www.ncbi.nlm.nih.gov/pmc/articles/PMC3222874/
[11] https://integrativeoncology-essentials.com/2014/02/mediterranean-diet-can-cut-risk-cancer/
[12] http://www.cancerresearchuk.org/about-cancer/cancers-in-general/cancer-questions/can-turmeric-prevent-bowel-cancer

www.ingramcontent.com/pod-product-compliance
Lightning Source LLC
Chambersburg PA
CBHW021156080526
44588CB00008B/360